Log-In Master!

The Safest Password Journal for Boys

Activinotes

Activinotes

DAILY JOURNALS, PLANNERS, NOTEBOOKS AND OTHER BLANK BOOKS

Copyright 2016

Password Journal

Account Name: _____

Website : _____

User I.D. : _____

Email Used : _____

Password : _____

Account Name: _____

Website : _____

User I.D. : _____

Email Used : _____

Password : _____

Account Name: _____

Website : _____

User I.D. : _____

Email Used : _____

Password : _____

Password Journal

Notes

Password Journal

Account Name: _____

Website : _____

User I.D. : _____

Email Used : _____

Password : _____

Account Name: _____

Website : _____

User I.D. : _____

Email Used : _____

Password : _____

Account Name: _____

Website : _____

User I.D. : _____

Email Used : _____

Password : _____

Password Journal

Notes

Password Journal

Account Name: _____

Website : _____

User I.D. : _____

Email Used : _____

Password : _____

Account Name: _____

Website : _____

User I.D. : _____

Email Used : _____

Password : _____

Account Name: _____

Website : _____

User I.D. : _____

Email Used : _____

Password : _____

Password Journal

Notes

Password Journal

Account Name: _____

Website : _____

User I.D. : _____

Email Used : _____

Password : _____

Account Name: _____

Website : _____

User I.D. : _____

Email Used : _____

Password : _____

Account Name: _____

Website : _____

User I.D. : _____

Email Used : _____

Password : _____

Password Journal

Notes

Password Journal

Account Name: _____

Website : _____

User I.D. : _____

Email Used : _____

Password : _____

Account Name: _____

Website : _____

User I.D. : _____

Email Used : _____

Password : _____

Account Name: _____

Website : _____

User I.D. : _____

Email Used : _____

Password : _____

Password Journal

Notes

Password Journal

Account Name: _____

Website : _____

User I.D. : _____

Email Used : _____

Password : _____

Account Name: _____

Website : _____

User I.D. : _____

Email Used : _____

Password : _____

Account Name: _____

Website : _____

User I.D. : _____

Email Used : _____

Password : _____

Password Journal

Notes

Password Journal

Account Name: _____

Website : _____

User I.D. : _____

Email Used : _____

Password : _____

Account Name: _____

Website : _____

User I.D. : _____

Email Used : _____

Password : _____

Account Name: _____

Website : _____

User I.D. : _____

Email Used : _____

Password : _____

Password Journal

Notes

Password Journal

Account Name: _____

Website : _____

User I.D. : _____

Email Used : _____

Password : _____

Account Name: _____

Website : _____

User I.D. : _____

Email Used : _____

Password : _____

Account Name: _____

Website : _____

User I.D. : _____

Email Used : _____

Password : _____

Password Journal

Notes

Password Journal

Account Name: _____

Website : _____

User I.D. : _____

Email Used : _____

Password : _____

Account Name: _____

Website : _____

User I.D. : _____

Email Used : _____

Password : _____

Account Name: _____

Website : _____

User I.D. : _____

Email Used : _____

Password : _____

Password Journal

Notes

Password Journal

Account Name: _____

Website : _____

User I.D. : _____

Email Used : _____

Password : _____

Account Name: _____

Website : _____

User I.D. : _____

Email Used : _____

Password : _____

Account Name: _____

Website : _____

User I.D. : _____

Email Used : _____

Password : _____

Password Journal

Notes

Password Journal

Account Name: _____

Website : _____

User I.D. : _____

Email Used : _____

Password : _____

Account Name: _____

Website : _____

User I.D. : _____

Email Used : _____

Password : _____

Account Name: _____

Website : _____

User I.D. : _____

Email Used : _____

Password : _____

Password Journal

Notes

Password Journal

Account Name: _____

Website : _____

User I.D. : _____

Email Used : _____

Password : _____

Account Name: _____

Website : _____

User I.D. : _____

Email Used : _____

Password : _____

Account Name: _____

Website : _____

User I.D. : _____

Email Used : _____

Password : _____

Password Journal

Notes

Password Journal

Account Name: _____

Website : _____

User I.D. : _____

Email Used : _____

Password : _____

Account Name: _____

Website : _____

User I.D. : _____

Email Used : _____

Password : _____

Account Name: _____

Website : _____

User I.D. : _____

Email Used : _____

Password : _____

Password Journal

Notes

Password Journal

Account Name: _____

Website : _____

User I.D. : _____

Email Used : _____

Password : _____

Account Name: _____

Website : _____

User I.D. : _____

Email Used : _____

Password : _____

Account Name: _____

Website : _____

User I.D. : _____

Email Used : _____

Password : _____

Password Journal

Notes

Password Journal

Account Name: _____

Website : _____

User I.D. : _____

Email Used : _____

Password : _____

Account Name: _____

Website : _____

User I.D. : _____

Email Used : _____

Password : _____

Account Name: _____

Website : _____

User I.D. : _____

Email Used : _____

Password : _____

Password Journal

Notes

Password Journal

Account Name: _____

Website : _____

User I.D. : _____

Email Used : _____

Password : _____

Account Name: _____

Website : _____

User I.D. : _____

Email Used : _____

Password : _____

Account Name: _____

Website : _____

User I.D. : _____

Email Used : _____

Password : _____

Password Journal

Notes

Password Journal

Account Name: _____

Website : _____

User I.D. : _____

Email Used : _____

Password : _____

Account Name: _____

Website : _____

User I.D. : _____

Email Used : _____

Password : _____

Account Name: _____

Website : _____

User I.D. : _____

Email Used : _____

Password : _____

Password Journal

Notes

Password Journal

Account Name: _____

Website : _____

User I.D. : _____

Email Used : _____

Password : _____

Account Name: _____

Website : _____

User I.D. : _____

Email Used : _____

Password : _____

Account Name: _____

Website : _____

User I.D. : _____

Email Used : _____

Password : _____

Password Journal

Notes

Password Journal

Account Name: _____

Website : _____

User I.D. : _____

Email Used : _____

Password : _____

Account Name: _____

Website : _____

User I.D. : _____

Email Used : _____

Password : _____

Account Name: _____

Website : _____

User I.D. : _____

Email Used : _____

Password : _____

Password Journal

Notes

Password Journal

Account Name: _____

Website : _____

User I.D. : _____

Email Used : _____

Password : _____

Account Name: _____

Website : _____

User I.D. : _____

Email Used : _____

Password : _____

Account Name: _____

Website : _____

User I.D. : _____

Email Used : _____

Password : _____

Password Journal

Notes

Password Journal

Account Name: _____

Website : _____

User I.D. : _____

Email Used : _____

Password : _____

Account Name: _____

Website : _____

User I.D. : _____

Email Used : _____

Password : _____

Account Name: _____

Website : _____

User I.D. : _____

Email Used : _____

Password : _____

Password Journal

Notes

Password Journal

Account Name: _____

Website : _____

User I.D. : _____

Email Used : _____

Password : _____

Account Name: _____

Website : _____

User I.D. : _____

Email Used : _____

Password : _____

Account Name: _____

Website : _____

User I.D. : _____

Email Used : _____

Password : _____

Password Journal

Notes

Password Journal

Account Name: _____

Website : _____

User I.D. : _____

Email Used : _____

Password : _____

Account Name: _____

Website : _____

User I.D. : _____

Email Used : _____

Password : _____

Account Name: _____

Website : _____

User I.D. : _____

Email Used : _____

Password : _____

Password Journal

Notes

Password Journal

Account Name: _____

Website : _____

User I.D. : _____

Email Used : _____

Password : _____

Account Name: _____

Website : _____

User I.D. : _____

Email Used : _____

Password : _____

Account Name: _____

Website : _____

User I.D. : _____

Email Used : _____

Password : _____

Password Journal

Notes

Password Journal

Account Name: _____

Website : _____

User I.D. : _____

Email Used : _____

Password : _____

Account Name: _____

Website : _____

User I.D. : _____

Email Used : _____

Password : _____

Account Name: _____

Website : _____

User I.D. : _____

Email Used : _____

Password : _____

Password Journal

Notes

Password Journal

Account Name: _____

Website : _____

User I.D. : _____

Email Used : _____

Password : _____

Account Name: _____

Website : _____

User I.D. : _____

Email Used : _____

Password : _____

Account Name: _____

Website : _____

User I.D. : _____

Email Used : _____

Password : _____

Password Journal

Notes

Password Journal

Account Name: _____

Website : _____

User I.D. : _____

Email Used : _____

Password : _____

Account Name: _____

Website : _____

User I.D. : _____

Email Used : _____

Password : _____

Account Name: _____

Website : _____

User I.D. : _____

Email Used : _____

Password : _____

Password Journal

Notes

Password Journal

Account Name: _____

Website : _____

User I.D. : _____

Email Used : _____

Password : _____

Account Name: _____

Website : _____

User I.D. : _____

Email Used : _____

Password : _____

Account Name: _____

Website : _____

User I.D. : _____

Email Used : _____

Password : _____

Password Journal

Notes

Password Journal

Account Name: _____

Website : _____

User I.D. : _____

Email Used : _____

Password : _____

Account Name: _____

Website : _____

User I.D. : _____

Email Used : _____

Password : _____

Account Name: _____

Website : _____

User I.D. : _____

Email Used : _____

Password : _____

Password Journal

Notes

Password Journal

Account Name: _____

Website : _____

User I.D. : _____

Email Used : _____

Password : _____

Account Name: _____

Website : _____

User I.D. : _____

Email Used : _____

Password : _____

Account Name: _____

Website : _____

User I.D. : _____

Email Used : _____

Password : _____

Password Journal

Notes

Password Journal

Account Name: _____

Website : _____

User I.D. : _____

Email Used : _____

Password : _____

Account Name: _____

Website : _____

User I.D. : _____

Email Used : _____

Password : _____

Account Name: _____

Website : _____

User I.D. : _____

Email Used : _____

Password : _____

Password Journal

Notes

Password Journal

Account Name: _____

Website : _____

User I.D. : _____

Email Used : _____

Password : _____

Account Name: _____

Website : _____

User I.D. : _____

Email Used : _____

Password : _____

Account Name: _____

Website : _____

User I.D. : _____

Email Used : _____

Password : _____

Password Journal

Notes

Password Journal

Account Name: _____

Website : _____

User I.D. : _____

Email Used : _____

Password : _____

Account Name: _____

Website : _____

User I.D. : _____

Email Used : _____

Password : _____

Account Name: _____

Website : _____

User I.D. : _____

Email Used : _____

Password : _____

Password Journal

Notes

Password Journal

Account Name: _____

Website : _____

User I.D. : _____

Email Used : _____

Password : _____

Account Name: _____

Website : _____

User I.D. : _____

Email Used : _____

Password : _____

Account Name: _____

Website : _____

User I.D. : _____

Email Used : _____

Password : _____

Password Journal

Notes

Password Journal

Account Name: _____

Website : _____

User I.D. : _____

Email Used : _____

Password : _____

Account Name: _____

Website : _____

User I.D. : _____

Email Used : _____

Password : _____

Account Name: _____

Website : _____

User I.D. : _____

Email Used : _____

Password : _____

Password Journal

Notes

Password Journal

Account Name: _____

Website : _____

User I.D. : _____

Email Used : _____

Password : _____

Account Name: _____

Website : _____

User I.D. : _____

Email Used : _____

Password : _____

Account Name: _____

Website : _____

User I.D. : _____

Email Used : _____

Password : _____

Password Journal

Notes

Password Journal

Account Name: _____

Website : _____

User I.D. : _____

Email Used : _____

Password : _____

Account Name: _____

Website : _____

User I.D. : _____

Email Used : _____

Password : _____

Account Name: _____

Website : _____

User I.D. : _____

Email Used : _____

Password : _____

Password Journal

Notes

Password Journal

Account Name: _____

Website : _____

User I.D. : _____

Email Used : _____

Password : _____

Account Name: _____

Website : _____

User I.D. : _____

Email Used : _____

Password : _____

Account Name: _____

Website : _____

User I.D. : _____

Email Used : _____

Password : _____

Password Journal

Notes

Password Journal

Account Name: _____

Website : _____

User I.D. : _____

Email Used : _____

Password : _____

Account Name: _____

Website : _____

User I.D. : _____

Email Used : _____

Password : _____

Account Name: _____

Website : _____

User I.D. : _____

Email Used : _____

Password : _____

Password Journal

Notes

Password Journal

Account Name: _____

Website : _____

User I.D. : _____

Email Used : _____

Password : _____

Account Name: _____

Website : _____

User I.D. : _____

Email Used : _____

Password : _____

Account Name: _____

Website : _____

User I.D. : _____

Email Used : _____

Password : _____

Password Journal

Notes

Password Journal

Account Name: _____

Website : _____

User I.D. : _____

Email Used : _____

Password : _____

Account Name: _____

Website : _____

User I.D. : _____

Email Used : _____

Password : _____

Account Name: _____

Website : _____

User I.D. : _____

Email Used : _____

Password : _____

Password Journal

Notes

Password Journal

Account Name: _____

Website : _____

User I.D. : _____

Email Used : _____

Password : _____

Account Name: _____

Website : _____

User I.D. : _____

Email Used : _____

Password : _____

Account Name: _____

Website : _____

User I.D. : _____

Email Used : _____

Password : _____

Password Journal

Notes

Password Journal

Account Name: _____

Website : _____

User I.D. : _____

Email Used : _____

Password : _____

Account Name: _____

Website : _____

User I.D. : _____

Email Used : _____

Password : _____

Account Name: _____

Website : _____

User I.D. : _____

Email Used : _____

Password : _____

Password Journal

Notes

Password Journal

Account Name: _____

Website : _____

User I.D. : _____

Email Used : _____

Password : _____

Account Name: _____

Website : _____

User I.D. : _____

Email Used : _____

Password : _____

Account Name: _____

Website : _____

User I.D. : _____

Email Used : _____

Password : _____

Password Journal

Notes

Password Journal

Account Name: _____

Website : _____

User I.D. : _____

Email Used : _____

Password : _____

Account Name: _____

Website : _____

User I.D. : _____

Email Used : _____

Password : _____

Account Name: _____

Website : _____

User I.D. : _____

Email Used : _____

Password : _____

Password Journal

Notes

Password Journal

Account Name: _____

Website : _____

User I.D. : _____

Email Used : _____

Password : _____

Account Name: _____

Website : _____

User I.D. : _____

Email Used : _____

Password : _____

Account Name: _____

Website : _____

User I.D. : _____

Email Used : _____

Password : _____

Password Journal

Notes

Password Journal

Account Name: _____

Website : _____

User I.D. : _____

Email Used : _____

Password : _____

Account Name: _____

Website : _____

User I.D. : _____

Email Used : _____

Password : _____

Account Name: _____

Website : _____

User I.D. : _____

Email Used : _____

Password : _____

Password Journal

Notes

Password Journal

Account Name: _____

Website : _____

User I.D. : _____

Email Used : _____

Password : _____

Account Name: _____

Website : _____

User I.D. : _____

Email Used : _____

Password : _____

Account Name: _____

Website : _____

User I.D. : _____

Email Used : _____

Password : _____

Password Journal

Notes

Password Journal

Account Name: _____

Website : _____

User I.D. : _____

Email Used : _____

Password : _____

Account Name: _____

Website : _____

User I.D. : _____

Email Used : _____

Password : _____

Account Name: _____

Website : _____

User I.D. : _____

Email Used : _____

Password : _____

Password Journal

Notes

Password Journal

Account Name: _____

Website : _____

User I.D. : _____

Email Used : _____

Password : _____

Account Name: _____

Website : _____

User I.D. : _____

Email Used : _____

Password : _____

Account Name: _____

Website : _____

User I.D. : _____

Email Used : _____

Password : _____

Password Journal

Notes

Password Journal

Account Name: _____

Website : _____

User I.D. : _____

Email Used : _____

Password : _____

Account Name: _____

Website : _____

User I.D. : _____

Email Used : _____

Password : _____

Account Name: _____

Website : _____

User I.D. : _____

Email Used : _____

Password : _____

Password Journal

Notes

Notes